Heinrich Freiherr von Lersner

Verwaltungsrechtliche Instrumente des Umweltschutzes

Schriftenreihe
der Juristischen Gesellschaft e. V.
Berlin

Heft 76

W
DE
G

1983
Walter de Gruyter · Berlin · New York

Verwaltungsrechtliche Instrumente des Umweltschutzes

Von
Heinrich Freiherr von Lersner

Vortrag
gehalten vor der
Berliner Juristischen Gesellschaft
am 22. September 1982

W
DE
G

1983
Walter de Gruyter · Berlin · New York

Dr. jur. Heinrich Frhr. von Lersner
Präsident des Umweltbundesamtes, Berlin

CIP-Kurztitelaufnahme der Deutschen Bibliothek

Lersner, Heinrich Frhr. von:
Verwaltungsrechtliche Instrumente des Umweltschutzes : Vortrag, gehalten vor d. Berliner
Jur. Ges. am 22. September 1982 / Heinrich Frhr.
von Lersner. – Berlin ; New York : de Gruyter,
1983.
(Schriftenreihe der Juristischen Gesellschaft
e. V. Berlin ; H. 76)
ISBN 3-11-009683-8

NE: Juristische Gesellschaft ⟨Berlin, West⟩:
Schriftenreihe der Juristischen...

1. Ich bin mir des Risikos bewußt, in einer Gesellschaft wie der Ihren und noch dazu in einem Hause wie diesem ein rechtswissenschaftliches Thema zu behandeln. Da in diesem Raum mehr juristischer Sachverstand versammelt ist, als es wahrscheinlich jemals Eulen in Athen gab, kommt sich ein Praktiker der Verwaltung schon etwas wie das Weltkind in der Mitten vor. Aber nach dem Verursacherprinzip – auf das ich noch zu sprechen komme – hat der Einladende für die Folgen der Einladung einzustehen, nicht der Gast.

Das vereinbarte Thema möchte ich wegen dieses meines beschränkten Horizontes auf verwaltungsrechtliche Instrumente des Umweltschutzes einengen und sowohl strafrechtliche als auch zivilrechtliche hier aussparen. Beide wurden hier im Hause anläßlich der jährlichen Tagungen der Gesellschaft für Umweltrecht schon von kompetenterer Seite behandelt, die zivilrechtlichen 1978 von Fritz Baur, die strafrechtlichen im Jahr darauf von Werner Maihofer.

Nehmen Sie meinen Vortrag als Material für die verwaltungswissenschaftliche Diskussion, Material, das sich deshalb besonders eignet, weil Umweltrecht und Umweltpolitik in der heute verstandenen Art, der Verwaltung neuartige Aufgaben und Probleme stellen, die eine neue Bewertung auch der klassischen Instrumente des Verwaltungshandelns rechtfertigen.

Was ist denn so neuartig am Umweltschutz, wird mancher von Ihnen fragen. Haben die Menschen nicht seit Anbeginn der Kultur ihre Quellen geschützt, ihre Abwässer abgeleitet und den Gestank zu mindern versucht. Enthält nicht schon das mosaische Gesetz Regeln über die geordnete Deponie[1]?

So richtig das ist, und so sehr wir uns davor hüten sollten, voreilig Phänomene als neuartig zu deklarieren, die wir bei einiger Geschichtskenntnis und Phantasie auch in Zeugnissen der Vergangenheit entdecken würden, so scheint mir doch einiges an den ökologischen Gefahren und unserer Kenntnis von ihnen neuartig zu sein:

– Da ist einmal die immerhin denkbare Möglichkeit, daß der Mensch die ganze Erde, ihr Klima und ihre genetische Vielfalt gefährden kann.

---

[1] 5. Mos. 23, 14.

- Da ist zum zweiten die Möglichkeit, daß der Mensch heute Reaktionen auslösen kann, deren Beherrschung an unsere Nachkommen über tausende von Jahren administrative und technische Anforderungen stellt.
- Da ist die Fähigkeit des Menschen zahllose in der Natur nicht vorkommende und von ihr oft auch nicht abbaubare Stoffe zu erzeugen, Stoffe, deren Auswirkungen auf die Natur wir schon denktheoretisch gar nicht vollständig erkennen können, weil wir die unbeabsichtigten Nebenwirkungen eines Stoffes nie so gut kennen können wie seine beabsichtigten Wirkungen. Wir suchen – um das vielzitierte Bild auch hier zu bemühen – den nachts verlorengegangenen Schlüssel ja immer nur im Lichtkreis der Straßenlaterne.
- Da sind aber auf der anderen Seite auch unsere Fortschritte in der Erkenntnis von Wirkungen bestimmter Schadstoffe, die dazu führen, daß häufig ein bisher harmlos geltender Stoff verdächtig. oder gar der Schädlichkeit überführt wird und umgekehrt. Das überrascht auch nicht bei etwa 50 000 im Handel befindlichen chemischen Stoffen und jährlich etwa 300 neu in Umlauf gebrachten.
- Die meisten Umweltgefahren sind nicht monokausal und ihre kumulativen oder gar synergetischen Ursachen sind teils nicht bekannt, teils zwar bekannt aber nicht im Einzelfall isolierbar (Problem des Minimumfaktors). Hinzu kommt, daß wegen der Schwierigkeiten der Übertragung von Labor- und Tierversuchen in vielen Fällen allein epidemiologische, medizin-statistische Untersuchungen Kausalitäten belegen können, Untersuchungen, die ihrerseits der Gefahr von Scheinkorrelationen besonders zugänglich sind.
- Bei all diesem wissenschaftlichen Unvermögen sei noch das Moment erwähnt, daß man von unstreitigen, gesicherten wissenschaftlichen Erkenntnissen in diesen Gefahrenbereichen oft nicht ausgehen kann, es andererseits auch nicht verantworten kann, auf das Ausräumen des letzten professoralen Zweifels zu warten.
- Weniger neuartig, aber doch für das Umweltrecht typisch, sind die nur sozialwissenschaftlich erklärbaren Unterschiede in der Risikoakzeptanz. Das vertraute Risiko des Autofahrens oder Zigarettenrauchens wird weit mehr akzeptiert als das unbekannte, unheimliche der Radioaktivität oder Chemie.

2. Aus diesem und anderen Gründen treten bei der Bekämpfung von Umweltgefahren und bei der Auswahl der dafür geeigneten Waffen einige Erschwernisse besonders häufig auf.

Ich will ein sehr banales und ein sehr hehres, weil grundwertbedingtes nennen:

Das Banale zuerst: Man kann Gefahren erst bekämpfen, wenn man sie sieht oder sichtbar machen kann. Man kann das Ablassen eines Stoffes in die Luft oder in das Wasser also erst beschränken, wenn man den Stoff messen kann[2]. (Verbieten könnte man das Ablassen zwar auch ohne messen zu können. Man kann das Verbot aber schwer überwachen.)

Deshalb kommt der Meßtechnik und den Meßverfahren im Umweltrecht eine so hohe Bedeutung zu. Über Grenzwerte einigt man sich in internationalen Konferenzen oder in Anhörungen mit Industrieverbänden schnell. Gerungen wird über Meßtechnik, Meßverfahren, Meßstatistik. Denn durch Änderung des Meßverfahrens können Sie jeden Grenzwert erreichbar oder unerreichbar machen. Allein vom Meßverfahren hängt es ab, ob am Niederrhein noch ein Kohlekraftwerk gebaut werden kann oder nicht.

Hierin liegt übrigens eine Ursache dafür, daß man die Grenzwerte des Umweltrechtes selten in Grenzen finden kann, sondern meist nur in Verwaltungsvorschriften. Denn man müßte das Gesetz mit zuviel meßtechnischen Details befrachten. Viele der als gefährlich erkannten oder vermuteten Stoffe lassen sich noch gar nicht oder nicht mit dem für Überwachungsbehörden vertretbaren Aufwand messen.

Die Folge ist, daß man die Gefährdetheit eines Mediums an Leitsubstanzen mißt, die keineswegs immer deshalb ausgewählt sind weil sie besonders gefährlich oder für andere Substanzen repräsentativ sind, sondern oft deshalb, weil sie leicht meßbar sind. (SO_2 in der Luft, Sauerstoffbedarf beim Wasser, Kohlenwasserstoffe, von denen die meisten harmlos, einige aber kanzerogen sind, die wir aber als Summe messen.)

Das Meßgerät für die Giftigkeit des Abwassers ist nach wie vor archaisch: Es ist der Goldfisch.

Typisch für umweltrechtliche Entscheidungen scheint mir ferner zu sein, daß sie sich im Grunde fast immer auf Entscheidungen zwischen kollidierenden Grundwerten reduzieren lassen und zwar zwischen Grundwerten, die sich in keine prinzipielle Werthierarchie einordnen lassen:

Gesundheit gegen Freiheit, Sozialpflicht gegen Zukunftsvorsorge, Schutz des Menschen gegen Schutz der Natur, Abfallbeseitigung gegen Naturdenkmalschutz.

---

[2] Vgl. dazu auch BVwG v. 17.2.1978, DVB. S.595.

Daß solche Abwägungsprozesse zwischen prinzipiell nicht prioritären Kategorien zu unterwerfenden Werten immer einen gehörigen Anteil Irrationalität enthalten, sollte man akzeptieren und sich nicht polemisch vorwerfen. Für den Arbeiter ist ein rauchender Schornstein etwas anderes als für den unbeteiligten Nachbarn, für den Küstenbewohner ist das Meer etwas anderes als für den städtischen Liebhaber des Wattenmeers. Kohlenahe Länder wägen zwischen Risiken von Kernkraft und Kohle anders ab als kohleferne Länder.

3. Zur Lösung solcher Konflikte sind Prinzipien entwickelt worden, die in politischen Programmen erhebliche Bedeutung haben, in Gesetzgebung und Verwaltungspraxis teilweise, wenn auch nie uneingeschränkt Niederschlag finden und auch das Völkerrecht zunehmend beeinflussen.

Es handelt sich dabei um die bekannte Trias Verursacherprinzip, Vorsorgeprinzip und Kooperationsprinzip.

3.1 Das erste, das Verursacherprinzip, haben wir ursprünglich als volkswirtschaftliches, finanzwissenschaftliches Prinzip der Kostenzurechnung verstanden, worauf auch das anglo-amerikanische „polluter pay's principle" hinweist. Sein Ziel war die Internalisierung der sozialen Kosten einer Produktion[3].

Juristische Schlußfolgerungen über das uns schon Selbstverständliche des Polizeirechts hinaus, vermag ich ihm de lege lata für das innerstaatliche Recht nicht abzugewinnen. Rechtspolitisch hat das Verursacherprinzip dagegen nicht zu unterschätzende Bedeutung, nicht nur wegen seiner volkswirtschaftlichen Vorteile, sondern auch aus sozialstaatlichen Gründen. So wurde zum Beispiel nachgewiesen, daß die Subvention des Kläranlagenbaus aus öffentlichen Mitteln den Wohlhabenden wegen seines höheren Wasserverbrauchs um ein Vielfaches höher begünstigt als den sozial Schwachen[4].

---

[3] Sachverständigenrat für Umweltfragen (SRU) Umweltgutachten 1978, Tz 1755 ff., der das Verursacherprinzip als Grundlage der Umweltpolitik ansieht, dem Gemeinschaftsprinzip aber ergänzende Bedeutung beimißt. Dazu auch *Bullinger/Rincke/Oberhauser/Schmidt*, Das Verursacherprinzip u. seine Instrumente, Berlin 1974, u. *Breuer*, NuR 1980, S. 91.

[4] *Gilles*, Korrespondenz Abwasser, H. 4, 1973, S. 85.

3.2 Auch das Vorsorgeprinzip wird unterschiedlich ausgelegt, wurde aber noch nicht umfassend untersucht[5].

Während Feldhaus[6] in § 5 Nr. 2 BImSchG vor allem eine primär planungsrechtliche Vorsorge, die Nichtausnutzung der noch unschädlichen Emissionsmengen versteht (Vorsorge für spätere Nutzung), wird es in politischen Programmen aber auch in der Literatur häufig auch im Sinne einer Vorsorge vor Nichtwissen verstanden[6a].

Obwohl die Hypothese von der Zerstörung der Ozonschicht durch Fluorchlorkohlenwasserstoffe noch nicht zweifelsfrei bewiesen ist, bemühen sich die Staaten, deren Emission schon jetzt zu verringern, weil es zu spät sein könnte, wollte man noch länger warten. Amerikanische Gerichte haben die Einleitung von Asbestfasern in die Gewässer aus dem Gesichtspunkt der Vorsorge verboten, obwohl es bis heute noch nicht sicher ist, ob die Faser auch über den Magen-Darmtrakt Krebs auslösen kann[7].

Diesem Verständnis von Vorsorgeprinzip entspricht es auch, wenn Regierungen die Verbraucher auffordern, den Einsatz von Pflanzenschutzmitteln zu reduzieren, obwohl ja nach dem Pflanzenschutzgesetz nur hygienisch und ökologisch unschädliche Mittel zugelassen werden dürfen.

Eine darüber hinausgehende Version des Vorsorgeprinzips wäre die langfristige Vorsorge zugunsten künftiger Generationen (Stichworte: Ressourcenschonung, Erhaltung der genetischen Vielfalt, Endlagerung radioaktiver Stoffe), eine Form der Verantwortung, die Hans Jonas in seinem jedem lesenden Zeitgenossen zu empfehlenden Buch „Das Prinzip Verantwortung"[8] beschreibt. Jonas entwickelt dort unter Fortentwicklung des Kant'schen Imperativ eine ökologisch begründete Verantwortungsethik, die er so formuliert: „Handle so, daß die Wirkungen Deiner Handlung verträglich sind mit der Permanenz menschlichen Lebens auf Erden"[8a]. Während für Kant noch der „gemeinste Verstand" gut und böse unterscheiden konnte, kommt bei einem so formulierten Imperativ dem Wissen, den Wissenschaften eine entscheidende Rolle zu, um die „Kluft

---

[5] SR-U Umweltgutachten 1978, Tz 1935 ff., Zum Vorsorgeprinzip im BImSchG vgl. auch *Sellner*, NJW 1980, S. 1255.

[6] DVBl. 1980, S. 133.

[6a] *Sommer*, DÖV 1981, S. 654.

[7] Environmental Quality 1976, 6th Report of CEQ, S. 107 und Anm. 209.

[8] *Jonas*, Frankfurt a. M., 1979.

[8a] A. a. O. S. 36.

zwischen der (immer unzulänglichen) Kraft des Vorherwissens und der Macht des Tuns zu verringern"[8b].

Die Demokratie, bei der notwendigerweise Gegenwartsinteressen das Wort führen, muß erst lernen Kompromisse zugunsten künftiger Generationen oder gar der Natur um ihrer selbst willen durchzusetzen[8c].

3.3 Das dritte Prinzip, das sogenannte Kooperationsprinzip auf seinen rechtlichen Gehalt zu untersuchen, wäre reizvoll. Es ist sicher mehr als eine freundliche Geste in Reden und politischen Programmen, das verbale Zukleistern unvermeidlicher Konflikte zwischen Staat und gesellschaftlichen Gruppen. Die Erscheinungsform des „Kooperativen Staates" sind anhand anderer Beispiele wie Kohlewirtschaft, Energiepolitik, Konzertierte Aktion bis hin zur Forschungs- und Entwicklungspolitik mehrfach beschrieben worden[8d].

Trotz reichlichen empirischen Materials ist es uns aber noch nicht gelungen, ausreichende Klarheit über den rechtlichen Gehalt der dabei eingegangenen Bindungen zu schaffen, den Gefahren von Monopol- und sonstigen Machtmißbräuchen entgegenzuwirken und diese Phänomene in das Verfassungsgefüge der repräsentativen Demokratie einzuordnen.

Auch im normierten Umweltrecht hat dieses Kooperationsprinzip bisher weniger Niederschlag gefunden, als es seiner umweltpolitischen Bedeutung entspräche. Zu erwähnen sind hier allenfalls die Anhörung beteiligter Kreise in § 51 BImSchG und die Betriebsbeauftragten für Immissionsschutz (§ 53 ff. BImSchG), Abfallbeseitigung (§ 11 a ff. AbfG), Gewässerschutz (§ 21 a ff. WHG) und Strahlenschutz (§ 29 StrlSchV).

Rechtspolitisch fordert das Kooperationsprinzip Ausbau der Beteiligungs- und Anhörungsrechte, nicht nur im Verwaltungsverfahren, sondern auch an der Normsetzung. Gibt man diesem Prinzip mehr als deklamatorischen Charakter, dann müßte ihm auch eine Pflicht des Staates entsprechen, vor Einsatz eines normativen Gebots oder Verbots in Verhandlungen mit den Betroffenen zu eruieren, ob nicht „weichere" Mittel der rechtlich mehr oder weniger verbindlichen Kooperation zum selben Ziele führen. Das kann zum Beispiel zu Branchenabkommen führen, auf die ich noch zu sprechen komme.

[8b] A. a. O. S. 28.
[8c] A. a. O. S. 269, vgl. dazu auch Gf. Kielmannsegg in Heiner *Geißler* (Hrsg.) Optionen auf eine lebenswerte Zukunft, München.
[8d] Vgl. z. B. E.-H. *Ritter,* Der Kooperative Staat, AöR 104, 1979, S. 389 ff.

Das Kooperationsprinzip setzt allerdings eine wenigstens teilweise Übereinstimmung der Kooperationspartner in Ziel und Methodik voraus, ohne die es nichts wäre als eine Forderung auf Information und Anhörung der Betroffenen.

Seine Grenzen liegen dort, wo die Ausgleichs- und Schutzfunktion des Staates gegenüber den gesellschaftlichen Gruppen, vor allem aber seine Verantwortung gegenüber nicht Konfliktfähigen oder gar nicht repräsentierten Interessen gefährdet wären. Auch das rechtsstaatliche Interesse an Rechtssicherheit und Rechtsklarheit setzt dem Kooperationsprinzip Grenzen und zwingt zu größtmöglicher Transparenz der dabei getroffenen Absprachen[8e].

4. Versuchen wir nun das rechtliche und administrative Instrumentarium der Gefahrenabwehr vor diesem Hintergrund auf seine Effizienz zu untersuchen. Dabei kommt es mir weniger auf eine systematische, auf Vollständigkeit abgestellte Darstellung an, als auf eine Behandlung derjenigen Aspekte, die uns nach unseren Erfahrungen besonders erörternswert erscheinen.

Bei der Bewertung der Wirksamkeit der Instrumente scheinen mir die drei Voraussetzungen hilfreich zu sein, die Klaus Lange[9] kürzlich dargestellt hat:

- Information des Adressaten,
- Motivation des Adressaten,
- differenzierte Steuerungsfähigkeit des Verwaltungshandelns.

Ein weiterer Beurteilungsmaßstab ist die ökonomische Optimierung sowohl hinsichtlich des Aufwandes für den Adressaten oder Dritte, als auch hinsichtlich des Verwaltungsaufwandes.

Auch die von Lange dargestellte und als illegitim bezeichnete Alibifunktion von administrativen oder legislativen Instrumenten scheint mir im Umweltrecht feststellbar. Die Entstehungsgeschichte der Beförderungsgenehmigung für alle Abfalltransporte nach § 12 AbfG[10], im Bun-

---

[8e] Thesen zum Kooperationsprinzip der Arbeitsgemeinschaft für Umweltfragen vom 1.2.1982, Prot. Anl. 2.

[9] DÖV 1981 S. 73, Dazu auch Renate *Mayntz*, Wissenschaftliche Auswertung der Sachverständigenanhörung zu Ursachen der Bürokratisierung etc., hrsg. vom BMI, Bonn 1980.

[10] *Hösel/von Lersner*, Recht der Abfallbeseitigung, Kz. 1220 Rdn. 1 ff.

12

destag eingeschoben nach spektakulären Verstößen von Abfallbeförderern, spricht für ein solches Motiv. Ich kann das ohne Parlamentsschelte aussprechen, weil ich selbst namens der Bundesregierung seinerzeit an der Formulierung dieser Norm mitgewirkt habe, die auf die wirklich gefährlichen Abfälle zu beschränken, nach zwei vergeblichen Anläufen erst mit der 2. Novelle zum Abfallbeseitigungsgesetz von diesem Jahr gelungen ist.

Anhand solcher Anforderungen will ich nun versuchen, alte und neuere Instrumente der Gefahrenabwehr im Umweltrecht zu bewerten, wobei ich nicht nach der üblichen Systematik, geordnet nach der Stärke des Eingriffes vorgehe, sondern historisch, weil dieses Vorgehen eher dem Lernprozeß der am umweltpolitischen Geschehen Beteiligten entspricht.

4.1 Das klassische Instrumentarium der Gefahrenabwehr war und ist auch im Umweltrecht das Polizeirecht mit seinen Geboten und Verboten, Erlaubnisvorbehalten und Genehmigungen. Von ihm sind die traditionellen umweltschützenden Normen des Wasserrechts, des ihm verwandten Abfallrechts und des aus dem Gewerberecht entstandenen Immissionsschutzrechts nach wie vor geprägt. Nichts anderes gilt für das Recht für Naturschutz und Landschaftspflege.

Zwar wurden diesen medien- oder bereichsbezogenen Umweltgesetzen bei ihrer Novellierung oder Neufassung in den 70er Jahren modernere Instrumente der Planung und auch der Programmatik angefügt, ohne daß sich dadurch der Schwerpunkt des Verwaltungshandelns auf diese neuen Instrumente verlagert hätte.

Entsprechend der Tradition des Polizeirechts sind die Gebote und Verbote in der Regel nicht durch naturwissenschaftlich exakte Grenzwerte konkretisiert. Keines der zitierten Gesetze enthält einen solchen Grenzwert. Sie beschreiben vielmehr die Grenzen des Erlaubten oder zu Erlaubenden mit den bekannten unbestimmten Rechtsbegriffen wie „schädlich"[12], „Beeinträchtigung"[13], „Gefährdung"[14], „Belästigung"[15], „Verunreinigung"[16] usw.

---

[11] Gesetz vom 4.3.1982 (BGBl. I 281).
[12] Z.B. § 1 BImSchG, § 2 Abs. 1 AbgG, § 2 Abs. 3 AtG.
[13] Z.B. § 2 Abs. 1 AbfG. § 2 Abs. 1 und § 8 Abs. 1 BNatSchG.
[14] § 6 WHG, § 2 Abs. 1 AbfG.
[15] Z.B. § 1 BImSchG.
[16] § 2 Abs. 1 BNatSchG.

Zur Entscheidung von Wertkonflikten der oben geschilderten Art wird im Wasser-, Abfall- und Naturschutzrecht die Abwägungsklausel des „Wohls der Allgemeinheit" angeboten[17]. Interessant ist, daß eine solche Abwägungsklausel dem Immissionsschutzrecht fremd ist, nach ihm also theoretisch eine schädliche Umweltauswirkung auch dann nicht genehmigt werden darf, wenn sie dem Wohl der Allgemeinheit entspricht. Sucht man nach einem Grund, warum insofern das Immissionsschutzrecht stringenter ist als das Wasser- und Abfallrecht, so liegt er vermutlich im unterschiedlichen Bild, das der Gesetzgeber von potentiellen Störern hatte.

Während der Gesetzgeber beim Wasser- und Abfallrecht immer auch die öffentliche Hand als Beeinträchtiger der Umwelt im Blicke hatte, deren Entsorgungsanlagen bei zu großer Stringenz nicht zu realisieren wären, dachte er im Gewerbe- und Immissionsschutzrecht primär an private Verursacher, die im Falle von Konflikten ausweichen oder das Vorhaben unterlassen könnten.

Da ich nachher einer Harmonisierung des Umweltrechtes das Wort reden werde, will ich schon jetzt dem Mißverständnis vorbeugen, als wollte ich auch diese Disharmonie beseitigt wissen. Eine solche Harmonisierung ginge sicher zu Lasten des Umweltschutzes.

Das Kernproblem der unbestimmten Rechtsbegriffe insbesondere des Umweltrechts ist das der Konkretisierung der Gebote und Verbote. Derjenige, der eine für ihn und möglicherweise auch für die Allgemeinheit wichtige Anlage zu errichten beabsichtigt, ist interessiert möglichst schnell und verläßlich zu erfahren: Geht das oder geht das nicht.

Nicht zuletzt wegen der Theorie von der vollen richterlichen Überprüfbarkeit der Interpretation unbestimmter Rechtsbegriffe durch die Verwaltung, die – leider – noch unsere Judikatur beherrscht, ruft ein solcher Investitionswilliger nach der Verrechtlichung der Grenzwerte, weil er anders nicht glaubt, wirtschaftliche Risiken vor Rechtskraft der Genehmigung eingehen zu können und nach Rechtskraft ist es häufig für ihn und die Volkswirtschaft zu spät.

Die Praktiker aus Verwaltung und Industrie warnen dagegen vor solchen Verrechtlichungstendenzen und weisen auf die dann mangelnde Anpassungsfähigkeit der Normen an die natürlichen und technischen

---

[17] § 2 Abs. 1 AbfG, vgl. hierzu *v. Lersner/Hösel*, Kz. 1120, Rdn. 2; § 6 WHG, vgl. auch § 1 Abs. 2 BNatSchG.

14

Gegebenheiten des Einzelfalls hin, ganz abgesehen von dem Ballast an für den Laien unverständlichen Meß- und Analysenvorschriften, die eine Normierung von Grenzwerten zur Folge hat.

Wir haben ja Beispiele normierter Grenzwerte in der Strahlenschutz-verordnung und in Lärmschutzverordnungen. Versuchen Sie einmal als Nichtphysiker der Strahlenschutzverordnung zu entnehmen, für welche radioaktiven Stoffe der Umgang genehmigungsbedürftig ist oder wann Abfälle danach an die Sammelstellen abzuliefern sind. Ich könnte es nicht beurteilen.

Oder sehen Sie sich einmal die Verordnungen nach dem Fluglärmgesetz an, die vor Sommer 1976 verkündet wurden. Deren rechtlicher Gehalt steckt in unverständlichen Computerausdrucken.

Dieser Streit um die Verrechtlichung von Grenzwerten des Umwelt-schutzes ist seit dem Voerde-Urteil des Bundesverwaltungsgerichtes von 1978[18] etwas abgeflaut. Das Gericht maß den Verwaltungsvorschriften nach Bundes-Immissionsschutzgesetz den Charakter von antizipierten Sachverständigengutachten bei, deren Grenzwerte nur durch Hinweis auf atypischen Sachverhalt durchbrochen werden können, im Ergebnis also eine Art Umkehrung der Darlegungslast. Dieses Urteil hat so sehr zur Rechtssicherheit beigetragen, daß es fast unverantwortlich wäre, würde man seine Grundthese durch die Antithese in Frage stellen, wonach Grenzwerte niemals durch Sachverständige festgelegt werden können, sondern immer eine politische Entscheidung über die Zumutbarkeit von Risiken darstellen[18a].

Ein weiterer Nachteil der allgemein verbindlichen Normierung von Anforderungen des Umweltschutzes liegt in der daraus folgenden Zemen-tierung eines bestimmten Standes der Technik, in ihrer geringen Elastizi-tät gegenüber der technisch-wissenschaftlichen Entwicklung.

Die Verordnungen der Länder über das Lagern wassergefährdender Stoffe boten dafür Beispiele. Sie schrieben das Erfordernis einer betonier-ten Wanne unter dem Öltank noch fest, als schon lange billigere und ebenso sichere Alternativen, wie Kunststofftanks mit Leckanzeigegeräten entwickelt waren. Diese Schwerfälligkeit gegenüber der rechtlichen Aner-kennung von Innovationen hat nicht nur rechtstechnische, sondern auch ganz menschliche Ursachen. Der im Ministerium zuständige Oberbaudi-

---

[18] Urteil v. 17.2.1978 – 1 C 102.76 – DVBl. S. 591 m. Anm. *Breuer*.
[18a] Vgl. dazu auch *Salzwedel* in Dokumentation (Anm. 34), S. 45, 79; *Sommer* a. a. O., S. 659; *Sendler*, UPR 1981, S. 13; *Vallendar*, Gew.Sch. 1981, S. 281.

rektor, der einen technischen Standard durchgesetzt und gegenüber Kriti-
kern behauptet hat, muß schon über den eigenen Schatten springen, will
er anerkennen, daß er jahrelang vom rechtsunterworfenen Bürger eine zu
aufwendige Technik verlangt hat. Beamte, die zu solcher Selbstkritik
fähig sind, gibt es glücklicherweise. Aber sind' sie die Regel?

Hinzu kommt die oft unvermeidliche Bezugnahme umwelttechnischer
Normen auf Regelwerke privater Organisationen wie des Deutschen
Normeninstituts oder des Vereines Deutscher Ingenieure. Daß in solche
Regelwerke oft auch wirtschaftliche Interessen einfließen, die die Anforderungen der Regel höher setzen als dies zur Gefahrenabwehr nötig wäre,
ist kein Geheimnis. Unsere erfreulich gute Kooperation mit beiden
genannten Organisationen dient nicht zuletzt dazu, solche überhöhten
Anforderungen technischer Regelwerke abzubauen, Anforderungen, die
oft auch insofern dem Umweltschutz zuwider laufen, als sie Ressourcen
zu sehr beanspruchen oder die Verwertung von Rückständen erschweren.

Das gilt vom Einsatz von Flugasche im Zement bis zur Spülmechanik
des Wasserklosetts.

Nach so vielen Beispielen für die Nachteile einer Normierung von
technisch-naturwissenschaftlich bedingten Anforderungen des Umweltschutzes, gebietet es die Objektivität auch auf Nachteile der Verlagerung
dieser Anforderungen in Verwaltungsvorschriften oder Einzelakte hinzu-
weisen.

Der schwerwiegendste Nachteil ist wohl verfassungsrechtlicher Art.
Durch den Verzicht der meisten Umweltgesetze auf technisch-naturwis-
senschaftlich konkretisierte Gebote und Verbote degenerieren sie zu
Ermächtigungsgesetzen. Sie führten deshalb in der Regel in den Parla-
menten auch nicht zu Kontroversen zwischen Regierung und Opposition.
Erst die Konkretisierung schafft den Konflikt[19].

Das für den Betroffenen – sei es den Unternehmer oder den gefährdeten
Nachbarn – entscheidende Detail der Norm, von dem es abhängt, ob im
Raum Duisburg zum Beispiel noch Platz für ein Kohlekraftwerk ist,
dieses Detail wird nicht in den Parlamenten beschlossen, sondern von den
Bürokratien des Bundes und der Länder vereinbart, auch im Falle der
Zustimmungsbedürftigkeit zugunsten des Bundesrats. Verfassungsrecht-
lich problematisch ist eine solche Verlagerung der Grenzwertsetzung auf
die Exekutive vor allem wegen der Risikozumutung, die in jedem Grenzwert liegt, das was wir auch mit Restrisiko bezeichnen.

---

[19] SR-U Umweltgutachten 1978, Tz. 1542.

16

Dabei handelt es sich nicht nur um das durch das Kalkar-Urteil des Bundesverfassungsgerichts[20] als sozialadäquat bezeichnete Risiko eines Schadenseintritts, der „jeseits der Schwelle praktischer Vernunft" liegt, also um das Risiko unseres Nichtwissens oder Irrtums, sondern es handelt sich auch um die vom Bundesverfassungsgericht meines Erachtens vernachlässigten Risiken, die bekannt und statistisch vielleicht sogar berechenbar sind, die wir aber wegen ihrer Seltenheit und wegen des gesellschaftlichen Interesses an der Realisierung der Maßnahme in Kauf nehmen. Risiken, die dem klassischen Beispiel der gesetzlichen Pockenschutzimpfung[21] entsprechen und die damals zum Aufopferungsanspruch führten.

Soweit ein Grenzwert solche Risiken in Kauf nimmt, gilt der Gesetzesvorbehalt des Artikel 2 Abs. 2 GG mit den daraus folgenden Anforderungen an die Norm, insbesondere die Deklarierungspflicht des Art. 19 Abs. 1 GG. Diese Problematik kann ich hier nicht vertiefen.

Untersuchungsbedürftig erscheint aber auch der von industrieller Seite oft angeführte Nachteil des zu hohen Investitionsrisikos bei nicht normierten Grenzwerten zu sein. Gewiß, der Grenzwert selbst ist bei Verrechtlichung der Überprüfung durch die Rechtsprechung zumindest verwaltungsrechtlich entzogen. Erhöht sich aber dadurch die Rechtssicherheit? Ich glaube kaum. Um so mehr man die Vielfalt der Natur und des Lebens starren Normen unterwirft, um so mehr muß man Ausnahmeregelungen einbauen, um ungerechte oder unsinnige Ergebnisse zu vermeiden. Und diese Ausnahmeregelungen fußen notgedrungen wieder auf unbestimmten Rechtsbegriffen, wie „unverhältnismäßiger Aufwand"[22], „erheblicher Nachteil"[23], „besondere Umstände"[24], „bestimmte Einzelfälle"[25], oder „Zweck des Gesetzes nicht gefährdet"[26].

Die gerichtlich überprüfbare Auslegung dieser Rechtsbegriffe erhöht sicher nicht die Rechtssicherheit, ganz zu schweigen von den Abgrenzungsproblemen und Umgehungsmöglichkeiten jeder dem o. g. Differenzierungsgebot hinreichend entsprechender Norm[26a].

---

[20] BVerFG v. 8.8.1978 – 2 BvL 8/77 –; dazu *Sommer* DÖV 1981, S. 654 der dem Urteil eine zu wenig differenzierte Verwendung des Kant'schen Begriffs der praktischen Vernunft vorwirft.

[21] RGZ v. 16.11.1937 Bd. 156 S. 305.

[22] § 8 Satz 2 Abs. AG.

[23] § 9 Abs. 6 AbwAG.

[24] § 2 1. DVO AltölG.

[25] § 44 Abs. 2 StrlSchV.

[26] Nr. 2.4.3. TA-Luft 1974.

[26a] So auch *Salzwedel* in Dokumentation (Anm. 34), S. 49.

Nur eine Norm, die es Reichen und Armen gleichermaßen verbietet unter den Seinebrücken zu schlafen, gewährleistet die hier geforderte Rechtssicherheit. Jede darin wieder eingebaute Sozialklausel mindert diese Sicherheit wieder. Ich ziehe aus diesen Überlegungen den Schluß, daß die der Abwehr von Umweltgefahren dienenden Grenzwerte und ähnliche naturwissenschaftlich zu differenzierende Konkretisierungen von Geboten und Verboten wie bisher im Zweifel Verwaltungsvorschriften vorzubehalten sind, es sei denn, sie enthalten die Zumutung eines bekannten gesundheitlichen Risikos.

4.2 Wenn wir die Instrumente wie angekündigt nicht systematisch, sondern historisch Revue passieren lassen, dann wäre nach dem klassischen Instrument des Gebots und Verbots die Veranlassung des potentiellen Störers zu nennen, die Gefahr freiwillig zu bannen, eine Veranlassung, die man als informelles Verwaltungshandeln bezeichnet.

Derartiges Veranlassen freiwilliger Maßnahmen spielt in der Verwaltungspraxis bekanntlich eine große Rolle[26b]. Eine von Renate Mayntz geleitete Arbeitsgruppe hat hierzu gerade für den Umweltschutz reichhaltiges empirisches Material gesammelt und ausgewertet[27].

Man kann solche von der Verwaltung induzierte freiwillige Maßnahmen in drei Gruppen scheiden:

4.2.1 Maßnahmen im unmittelbaren Interesse des Verursachers der Gefahr.

Hierhin gehören alle die Maßnahmen, die er auch ohne Zutun der Behörde ergriffen hätte, wären ihm nur die erforderlichen Informationen zugänglich geworden. Man sollte diesen Bereich der technologischen und ökologischen Beratung auch durch Umweltbehörden nicht unterschätzen. Er spielt insbesondere bei mittleren und kleineren Unternehmen eine große Rolle, die sich keine teuren Fachleute leisten können. Landesbehörden aber auch das Umweltbundesamt können von zahlreichen Fällen berichten, wo durch Verfahrensumstellung nicht nur die Gefahr gebannt, sondern dazuhin noch Geld verdient wurde (Energie- oder Wasserersparnis durch Recycling).

[26b] Dazu allgemein: Paul *Kirchhof*, Verwaltung durch „mittelbares" Einwirken, Berlin 1977.

[27] Renate *Mayntz* u. a., Vollzugsprobleme der Umweltpolitik, Stuttgart 1978.

4.2.2 Es gibt ferner von der Verwaltung induzierte freiwillige Maßnahmen, die aus Verantwortungsbewußtsein des Verursachers für die Umwelt geschehen.

Es liegt mir daran, das hier zu betonen, weil man ebenso oft Unternehmer generell für vorsätzliche Umweltverschmutzer hält, wie man früher alle Ritter für Raubritter hielt.

4.2.3 Und es gibt sicher auch nicht selten den Fall, in dem die Behörde das freiwillige Abstellen der Gefahr durch Drohung mit Nachteilen oder der Gewährung von Vorteilen zu erreichen versucht.

Ich bin zum Beispiel überzeugt, daß nachträgliche Maßnahmen im Sinne des § 17 BImSchG häufiger auf diesem Weg als durch Verwaltungsakt erreicht werden. In der Regel geschieht das in Verbindung mit einer beantragten Änderungsgenehmigung nach § 15. Die Behörde schlägt den bekannten Deal vor: Ich genehmige das, wenn Sie auch jenes ändern. Solche Junktims fanden hier schon lange statt, ehe die aktuelle amerikanische Diskussion über Offset-Policy über den Ozean drang.

Auch im oder vor Planfeststellungsverfahren scheint dieser Weg begangen zu werden. Anders wäre es nicht zu erklären, warum manche Gesetze und auch Kommentare die Versagung einer Planfeststellung gar nicht behandeln. Sie scheint in der Praxis kaum stattzufinden.

Auf die Gründe, weswegen die Verwaltung oft dem informellen Handeln den Vorzug vor formellen Akten gibt, hat vor allem das Team Renate Mayntz hingewiesen[28]. Es ist nicht nur die Furcht vor langwierigen gerichtlichen Auseinandersetzungen und unkalkulierbaren Entscheidungen fachlich wenig geschulter Gerichte. Es ist auch das Bestreben, den Fall in der Hand zu behalten und ihn nicht in die Hände vorgesetzter Behörden oder gar politischer Instanzen und journalistischer Medien zu geben. Auf den Preis, den solches Vorgehen an mangelnder Transparenz, Kontrollierbarkeit, Gleichbehandlung und auch – sagen wir es ruhig – an Unbestechlichkeit fordert, hat diese Studie auch hingewiesen.

Allein deshalb verdienen die amerikanischen Experimente mit Offset-Policy und Bubble-Prinzip unsere Aufmerksamkeit, weil sie uns helfen können, Vorgehensweisen zu legalisieren und zu formalisieren, die allenthalben auch bei uns geübt werden.

---

[28] A. a. O. S. 44 f., 69 f., Darauf fußend auch SR-U Umweltgutachten 1978, Tz. 1542.

4.3 In diesem Zusammenhang verdient auch eine Verhaltensweise der Erwähnung, die im Umweltrecht, insbesondere im Wasser- und Immissionsschutzrecht oft zu beobachten und mehr noch zu vermuten ist, das Dulden genehmigungsbedürftiger Emissionen.

Wenn ich die Duldung unter den Instrumenten der Verwaltung bei Abwehr von Umweltgefahren erwähne, so bin ich mir wohl bewußt, daß sie eigentlich ein Nichtinstrument ist, allerdings oft zur Erreichung ökologischer und auch ökonomischer Ziele bewußt eingesetzt wird (sog. „aktive Duldung"). Im Wasserrecht sind Fälle bekannt geworden, in denen der Benutzer zwar einen Antrag auf Erlaubnis oder gar Bewilligung stellte, die Behörde aber eine Entscheidung darüber oft über ein Jahrzehnt lang vermied, wohl wissend, daß die Benutzung stattfindet. Solche Verhaltensweisen wurden meist erst in Strafverfahren offenkundig und führen dann zur Diskussion über den Rechtfertigungsgrund behördlicher Duldung. Sie spielten auch bei den Beratungen über das 18. Strafrechtsänderungsgesetz[29] eine Rolle und führten dort zu der freilich erfolglosen Forderung nach einem speziellen Beamtenstraftatbestand.

Die Berliner Rechtslehrer Randelzhofer und Wilcke haben unlängst erstmals die Duldung als Form des Verwaltungshandelns ausführlich beschrieben und ihre dogmatische Verarbeitung, ja sogar Kodifizierung angeregt[29a]. In dieser Arbeit scheinen mir die positiven Seiten dieses rechtsstaatlich immerhin fragwürdigen Verhaltens etwas zu gut weggekommen, seine Gefahren dagegen unterbelichtet worden zu sein. Vor allem hätte ich mir eine Vertiefung der Frage gewünscht, ob das Wasserrecht, das in seinem § 6 ja eine Gemeinwohlklausel kennt, überhaupt diesen Griff nach außergesetzlichen Mitteln erfordert. Verdienstvoll ist, daß diese nicht nur in der umweltrechtlichen Praxis verbreitete Form des Verwaltungshandelns näherer juristischer Untersuchung zugeführt wurde.

4.4 Ein weiteres Instrument der Abwehr von Umweltgefahren ist das der staatlichen Planung.

Wir finden in den meisten modernen Umweltgesetzen umweltrechtliche Fachplanungen wie den wasserwirtschaftlichen Rahmenplan (§ 36 WHG), den Bewirtschaftungsplan nach § 36 b WHG, den Abfallbeseiti-

---

[29] Vom 28.3.1980 (BGBl. I v. 373), vgl. dazu auch die Niederschrift der Anhörung des Rechtsausschusses vom 25.6.1979, Prot. Nr.73, S.115 ff.

[29a] *Randelshofer/Wilke,* Die Duldung als Form des Verwaltungshandelns, Berlin 1981.

gungsplan (§ 6 AbfG), den Luftreinhalteplan nach § 47 BImSchG, die Landschaftsrahmenpläne und Landschaftspläne nach dem Bundes-Naturschutzgesetz (§§ 5 + 6), ganz zu schweigen von den Raumordnungsplänen und Bauleitplänen, die auch umweltschützende Kriterien enthalten müssen.

Die Problematik und Effizienz dieses planerischen Instruments zu untersuchen, würde hier zu weit führen, zumal die einzelgesetzlichen Fachpläne unterschiedliche Verbindlichkeit und Konsequenzen haben. ,

Es sei mir deshalb nur die generalisierende Wertung gestattet, daß diesem Instrument in der Praxis der Gefahrenabwehr wohl nicht die Bedeutung zukommt, wie sie Gesetzgeber und Theorie erwartet haben.

Ein Grund dafür liegt wohl in der Kostspieligkeit und Langwierigkeit ihrer Erstellung und in der Schnelligkeit mit der die der Planung zugrunde liegenden Daten durch die Fakten der wirtschaftlichen und technischen Entwicklung überholt werden. Wir haben wohl alle in der Planungseuphorie der sechziger Jahre die prognostischen Fähigkeiten auch computergestützter Menschen überschätzt. Unterschätzt haben wir die den Irrtum verstärkende Wirkung fehlerhafter Prognosen des einen Bereichs auf den anderen. Die Wasserbedarfsprognose rechnet oft noch auf Grund von Energieprognosen, die von den Energiewirtschaftlern schon revidiert sind. Es dauert zu lange bis die Korrektur der einen Prognose sich auf alle von ihr abhängigen Prognosen auswirkt.

4.5 Seit Anbeginn moderner Umweltpolitik wird auch das historisch althergebrachte Instrument der positiven und negativen Anreize finanzieller Art eingesetzt.

Seine Werkzeuge sind bekannt: Abgaben, Steuern, Subventionen, Kredite und sonstige Wettbewerbsvorteile oder -nachteile wie Umweltzeichen oder Steuerung des staatlichen Beschaffungswesens. Die älteste zur Abwehr einer Umweltgefahr geschaffene Abgabe neuen Rechts ist die Altölabgabe, aus deren Ertrag die kostenlose Abholung und Verwertung des Altöls subventioniert wird, eine Abgabe deren fortdauernden Nutzen man in Anbetracht der gestiegenen Ölpreise getrost einmal diskutieren sollte.

Eine Autowrack-Abgabe wurde in den 70er Jahren diskutiert, hat sich inzwischen wegen gestiegener Verwertungserlöse aber erübrigt. Es folgte die heftig umstrittene Abwasserabgabe, die seit 1.1.1981 erhoben, deren positive Wirkung man aber auch schon vorher feststellen konnte.

Diskutiert werden Abgaben auf Getränkeverpackungen, wofür sich ein Parteitag der F.D.P 1981 aussprach, Abgaben auf Automobile, die mehr als technisch geboten, Lärm und Abgase emittieren, Abgaben auf Abwärme, SO_2, auf Fluorchlorkohlenwasserstoffe und auf die Nutzung des Grundwassers, von echten umweltpolitisch motivierten Steuern ganz zu schweigen.

Wichtig an diesem Instrument scheint mir zu sein, daß es niemals allein, sondern immer nur flankierend zum klassischen polizeilichen Instrumentarium eingesetzt werden darf. Durch Verbote muß jeweils die untere Grenze des Erlaubten fixiert werden. Zwischen dieser und dem erwünschten und technisch machbaren Standard kann man mit ökonomischen Instrumenten meist mehr erreichen als mit den klassischen. Wenn Sie mit dem Entwicklungschef eines Automobilunternehmens sprechen, dann ist ihm eine Abgabe lieber als ein starrer Grenzwert, weil er bei der Abgabe technische und ökonomische Faktoren besser optimieren kann.

Dieser Gesichtspunkt ist übrigens auch bei der Wahl von Grenzwerten zu beachten. Da es bei den produktbedingten Umweltgefahren weniger auf die Belastung durch das einzelne Produkt als durch die der Gesamtheit der Produkte gleicher Art ankommt, kann es für Produzenten und Bürokratie ökonomisch vernünftiger sein, den Grenzwert nicht auf den einzelnen Liter verkauften Benzins zu fixieren, sondern auf den Gesamtausstoß einer Raffinerie, die dann die Möglichkeit hat ihre einzelnen Chargen je nach Rohprodukt und Verwendungszweck zu optimieren. Für die Umwelt relevant ist ja nur der Durchschnitt des Bleianteils am Benzin der gesamten verkehrenden Flotte. Die Amerikaner haben ihre Autoabgaswerte auch flottenbezogen festgesetzt.

Beispiele für steuerliche Anreize sind verkürzte Abschreibungsfristen für umweltschützende Investitionen nach § 7 d EStG und Steuerbefreiungen für Fahrzeuge zur Abfallbeseitigung.

Mehr Kummer machen uns allerdings die den Umweltschutz hindernden Regelungen anderer steuerrechtlicher Normen, wie die den Autofahrer privilegierende Kilometerpauschale oder die hubraumbezogene Kraftfahrzeugsteuer und auch das darauf abstellende Zulassungsrecht. Hier gilt das, was ich zu den DIN-Normen sagte: die Prüfung der Umweltverträglichkeit anderer Normen ist oft wichtiger als die Verbesserung des Umweltrechts selbst.

Aus der Fülle umweltfördernder Subventionen möchte ich hier als besonders brauchbares Instrument nur das seit 1979 laufende Altanlagensanierungsprogramm herausgreifen. Seine Bedeutung wird durch die praktisch ewige Besitzstandwahrung des § 17 Abs. 2 BImSchG verstärkt, wonach nachträgliche Auflagen nicht nur dem Stand der Technik entsprechen müssen, sondern auch für den Betreiber der Anlage wirtschaftlich

22

vertretbar sein müssen. An dieser Barriere der wirtschaftlichen Vertret-
barkeit scheitern viele notwendige Sanierungsmaßnahmen bei alten Anlagen, was bei ausgeschöpften Immissionsgrenzen wieder zu Investitions-
hemmnissen für Neuanlagen führen kann.

Ich mache kein Hehl daraus, daß ich einen zeitlich befristeten Besitz-
standschutz etwa nach schwedischem Vorbild für sachgerechter hielte.
Der Zeitraum des Schutzes könnte sich z. B. an den steuerlichen Ab-
schreibungszeiträumen orientieren[29b], was den steuerpolitisch interessan-
ten Effekt eines Interesses an längeren, mindestens aber realistischeren
Abschreibungszeiten hätte.

De lege lata hilft uns hier aber das Altanlagensanierungsprogramm, mit
dessen Hilfe der Bund die Erneuerung solcher Anlagen bis zu 50 % der
umweltbedingten Mehrkosten finanzieren, damit den Stand der Technik
vorantreiben und die Landesbehörden dann in die Lage versetzen kann,
diesen Stand der Technik anderen Betreibern auferlegen zu können, wo
dies wirtschaftlich vertretbar ist. Wegen dieser Wirkung des Programms
hatten wir anfangs gewisse Mühen, die Solidarität einzelner Branchen zu
durchbrechen. Ich kann hier nicht alle Vor- und Nachteile staatlicher
Subventionen von umweltschützenden Investitionen abhandeln, die ja alle
dem oben zitierten Verursacherprinzip zuwiderlaufen, weil sie externe
Kosten nicht internalisieren, sondern sozialisieren. Auf die sozialpolitisch
unerwünschten Auswirkungen der Kläranlagensubvention habe ich schon
hingewiesen. Daß gleichwohl gerade solche Subventionen bei Konjunk-
turprogrammen wegen ihrer angeblichen oder tatsächlichen Arbeitsplatz-
förderung beliebt sind, ist bekannt.

4.6 Lassen Sie mich ein weiteres Instrument der Abwehr von Umweltgefahren noch kurz behandeln, das auch hierzulande gelegentlich praktiziert
und noch öfter diskutiert, das der nicht rechtlich verbindlichen Absprache
zwischen Staat und einzelnen Branchen der Produzenten oder des Han-
dels, kurz oft Branchenabkommen oder besser Branchenabsprachen ge-
nannt. In Japan, aber anscheinend auch in Frankreich wird es mehr
genutzt als bei uns.

Nationale Beispiele sind die Absprachen der Bundesregierung mit den
Getränkebehälterherstellern und -abfüllern über eine Beschränkung des
Einsatzes von Einwegbehältern oder die Absprachen über die Verringe-
rung des Einsatzes von Fluorchlorkohlenwasserstoffen als Treibgas. Letz-

---

[29b] *Salzwedel* a. a. O. S. 58, 82, 85.

tere Absprache war bisher erfolgreicher als die erste. Auch die Gespräche der Bundesminister des Innern und für Wirtschaft mit der Automobilindustrie und einigen Zubehörherstellern über freiwillige Maßnahmen zur Reduzierung von Lärm und Abgasen bei gleichzeitiger Verbrauchssenkung gehören hierher.

Dagegen legt die Bundesregierung Wert darauf, daß die Erklärung des Verbandes der Asbestzementindustrie, freiwillig den Asbestanteil seiner Produkte zu senken und andere, die Emissionen von Fasern reduzierende Maßnahmen zu treffen, eine einseitige Selbstverpflichtung war, die die Regierung nur zur Kenntnis nahm. Gleichwohl wird man auch solchen Selbstverpflichtungen rechtliche Wirkungen nicht ganz absprechen können, zumal dann wenn sie nach Gesprächen beider Seiten zustande kamen (und nicht – wie dies kürzlich der Verband der Elektrizitätswerke versuchte – wenige Tage vor einem Kabinettsbeschluß über die Großfeuerungsanlagenverordnung einseitig ohne Vorgespräche angeboten werden).

Auf die wettbewerbsrechtlichen Aspekte solcher freiwilliger Selbstbeschränkungen hat für den Umweltschutz erstmals Joseph Kaiser im Jahre 1971 hingewiesen[30]. Das Wissenschaftszentrum Berlin hat zusammen mit dem Bundeskartellamt kürzlich ein aufschlußreiches Symposium hierüber veranstaltet[31].

Diskutiert wird dabei naheliegenderweise die Freiwilligkeit solcher Selbstbeschränkungen, die erfahrungsgemäß nie ohne rechtliche oder politische Drohung mit staatlichen Verboten zustande kommen. Der Knüppel im Sack[32] ist immer dabei, sei es in Form einer bereits vorhandenen gesetzlichen Ermächtigung der Bundesregierung (§ 14 AbfG), sei es in angedrohten Initiativen wie dem nationalen Alleingang bei den Automobilgrenzwerten.

Prüfen wir dagegen dieses Instrument anhand der oben zitierten Lange-'schen Wirksamkeitskriterien, so schneidet es hinsichtlich Information und differenzierter Steuerungsfähigkeit mindestens so gut ab, wie Gebote und Verbote, zumal der Produzent sein Verhalten selbst besser steuern kann als der Staat.

Das fragwürdige Kriterium ist dagegen die Motivation des Adressaten. Sie kann gefördert werden sowohl durch ein wirtschaftliches oder politisches Eigeninteresse als auch – und dies dürfte die Regel sein – durch das

---

[30] Joseph *Kaiser*, NJW 1971, S. 585, vgl. auch *Biedenkopf* BB 1966 S. 1113.
[31] Helmut *Gutzler*, Umweltpolitik u. Wettbewerb, Baden-Baden 1981.
[32] J. *Vogl* in Anhörung der IA BT Prot. 6/64, S. 27.

Interesse an der Vermeidung staatlicher Eingriffe in den Markt. Wenn dieses Motiv das bestimmende sein sollte, dann muß die Drohung mit einem solchen Eingriff glaubwürdig sein. Die Regierung muß die verfassungs- und auch gemeinschaftsrechtlichen Voraussetzungen für einen Eingriff erfüllen können (parlamentarische Mehrheit, Bundesratszustimmung, Konformität mit EG-Vertrag).

Außerdem sollte Partner der Absprache derjenige sein, von dem man das Handeln erwartet, und nicht ein Verband, dessen Mandat, seine Mitglieder zu binden, sonst vorher zu klären wäre.

Da ferner in jeder versuchten oder abgeschlossenen Branchenabsprache ein Zeitgewinn für den potentiellen Störer liegt, kommt sie nur dort in Betracht, wo die Gefahr nicht so akut ist, daß sich das Risiko einer nicht eingehaltenen Absprache einzugehen verbietet. Absprachen dieser Art sind deshalb vor allem über solche Maßnahmen geeignet, die die Regierung aus Gründen der Vorsorge zu treffen für notwendig hält.

4.7 Noch weniger verbindlich als solche immerhin als gentlemen's agreement zu charakterisierenden Branchenabsprachen ist die gegenseitige Information über politische und ökonomische Programme mit dem Ziel der Vermeidung künftiger Kollisionen.

Auch sie fällt unter das zitierte Kooperationsprinzip. Insbesondere im produktbezogenen Umweltschutz werden solche Informationen künftig wohl noch eine größere Rolle spielen als bisher, gefördert auch durch das neue Chemikaliengesetz. Schon jetzt zeichnen sich unter den mehr als 50 000 vermarkteten chemischen Stoffen bestimmte Gruppen von Stoffen ab, die zwar nicht insgesamt umweltgefährlich oder gar humantoxisch sind, in denen aber gefährliche Stoffe besonders häufig auftreten, oder Stoffe, die wegen ihrer Langlebigkeit besonders hohe Anforderungen an das Vorsorgeprinzip stellen (Stichwort: Sippenverdacht). Ein Beispiel hierfür sind die chlorierten Kohlenwasserstoffe oder bestimmte Schwermetalle.

Hier kann es sich als zweckmäßig erweisen, wenn Regierung und chemische Industrie auf hoher Ebene von Zeit zu Zeit ihre mittelfristige Investitions- und Untersuchungsprogramme austauschen, um bereits in der frühen Phase der Planung Widerstände und Förderung abschätzen zu können.

Das Stichwort der „konzertierten Aktion" kann auch im umweltpolitischen Instrumentarium eine größere Rolle spielen. Dabei kann es dann akademischem Fleiß überlassen bleiben, die niemals scharfen Grenzen zwischen Abkommen, Absprachen und Information zu ziehen.

5. Ich will damit den notgedrungen lückenhaften Durchgang durch das Instrumentarium der Abwehr von Umweltgefahren beenden und abschließend noch auf ein Anliegen hinweisen, daß mit den Wirksamkeitskriterien Information und Motivation zu tun hat, das der Regelungsvielfalt des Umweltrechtes.

Wir haben bisher ja noch nicht den Mut unserer Schweizer Freunde aufgebracht, ein allgemeines Umweltgesetzbuch zu schaffen, sondern es bei der Fortentwicklung des vorwiegend medienbezogenen Rechts bewenden lassen. Wir haben den Vorteil, relativ schnell ein auch international vorbildliches Instrumentarium zu schaffen, bezahlt mit dem Preis zahlreicher Disharmonien und Strukturbrüche unseres Umweltrechtes.

Verstärkt wurden diese noch durch die in Bund und Ländern oft zersplitterten ministeriellen Zuständigkeiten, auf die die der Ausschüsse in den Parlamenten oft abgestimmt sind. Manchmal gibt es ja keine andere Erklärung für unterschiedliche Regelungen z. B. im Immissionsschutzrecht und im Abfallrecht als die, daß eben andere Personen mit anderen Meinungen die Gesetze gemacht und durchgesetzt haben.

Selbst ein so neuartiges Institut wie das des Betriebsbeauftragen, das auch oben unter dem Stichwort Kooperationsprinzip der kritischen Behandlung bedarf, selbst ein solches Institut ist in vier umweltschützenden Gesetzen auf vier verschiedene Weisen geregelt[33].

Auch die förmlichen Verwaltungsverfahren sind nicht immer aus erkennbarem Grund unterschiedlich geregelt.

Wenn ich auch daran zweifle, ob der Beruf unserer Zeit zur Schaffung eines Allgemeinen Deutschen Umweltgesetzes schon herangereift ist, so sollte man doch schon im Interesse des Abbaus von Regelungsdichte und -vielfalt und zur Erhöhung von Information und Motivation der Adressaten erste Schritte der Harmonisierung des Umweltrechts tun. Michael Kloepfer hat hierzu eine erste Bestandsaufnahme schon 1978 vorgelegt[33a] und Jürgen Salzwedel hat in einem Vortrag vor der Fachtagung der Gesellschaft für Umweltrecht 1981 weitere Aspekte behandelt[34].

„Jura scripta sunt vigilantibus" hieß es einmal. Wirklich wachsam kann nur der sein, der nicht durch zu viele Nebengeräusche abgelenkt wird.

---

[33] Vgl. die Übersicht der Regelungen im BImSchG, WHG und AbfG bei *Hösel/ v. Lersner*, RdA, Kz 1211, Rdn. 3. Dazu käme noch der Strahlenschutzbeauftragte nach § 29 StrlSchV.

[33a] Systematisierung des Umweltrechts, Umweltbundesamt, Berichte 8/78, Berlin 1978.

[34] Dokumentation zur 5. wissenschaftlichen Fachtagung der Gesellschaft für Umweltrecht, Berlin 1982, S. 33 ff.

.